心一堂術數古籍珍本叢刊

書名：當代名人之命運（千里命稿續集）
系列：心一堂術數古籍珍本叢刊 第三輯 304 星命類
作者：韋千里
封面設計：陳劍聰
心一堂術數古籍珍本叢刊編校小組：陳劍聰 素聞 鄒偉才 虛白盧主

出版：心一堂有限公司
通訊地址：香港九龍旺角彌敦道610號荷李活商業中心十八樓05-06室
深港讀者服務中心：中國深圳市羅湖區立新路六號羅湖商業大廈負一層008室
電話號碼：(852) 90277110
網址：publish.sunyata.cc
電郵：sunyatabook@gmail.com
網店：http://book.sunyata.cc
淘宝店地址：https://shop210782774.taobao.com
微店地址：https://weidian.com/s/1212826297
臉書：https://www.facebook.com/sunyatabook
讀者論壇：http://bbs.sunyata.cc

版次：二零二零年六月初版

平裝

定價：港幣 九十八元正
新台幣 三百九十八元正

國際書號 ISBN 978-988-8583-25-6

香港發行：香港聯合書刊物流有限公司
香港新界大埔汀麗路36號中華商務印刷大廈3樓
電話號碼：(852)2510-2100 傳真號碼：(852)2407-3062
電郵：info@suplogistics.com.hk

台灣發行：秀威資訊科技股份有限公司
地址：台灣台北市內湖區瑞光路七十六巷六十五號一樓
電話號碼：+886-2-2796-3638 傳真號碼：+886-2-2796-1377
網絡書店：www.bodbooks.com.tw
台灣秀威書店讀者服務中心：
地址：台灣台北市中山區松江路二0九號1樓
電話號碼：+886-2-2518-0207
傳真號碼：+886-2-2518-0778
網址：www.govbooks.com.tw

中國大陸發行 零售：深圳心一堂文化傳播有限公司
地址：深圳市羅湖區立新路六號羅湖商業大廈負一層008室
電話號碼：(86)0755-82224934

心一堂微店二維碼

心一堂術數古籍 珍本整理 叢刊 總序

術數定義

術數，大概可謂以「推算（推演）、預測人（個人、群體、國家等）、事、物、自然現象、時間、空間方位等規律及氣數，並或通過種種『方術』，從而達致趨吉避凶或某種特定目的」之知識體系和方法。

術數類別

我國術數的內容類別，歷代不盡相同，例如《漢書・藝文志》中載，漢代術數有六類：天文、曆譜、五行、蓍龜、雜占、形法。至清代《四庫全書》，術數類則有：數學、占候、相宅相墓、占卜、命書、相書、陰陽五行、雜技術等，其他如《後漢書・方術部》、《藝文類聚・方術部》、《太平御覽・方術部》等，對於術數的分類，皆有差異。古代多把天文、曆譜、及部分數學均歸入術數類，而民間流行亦視傳統醫學作為術數的一環；此外，有些術數與宗教中的方術亦往往難以分開。現代民間則常將各種術數歸納為五大類別：命、卜、相、醫、山，通稱「五術」。

本叢刊在《四庫全書》的分類基礎上，將術數分為九大類別：占筮、星命、相術、堪輿、選擇、三式、讖諱、理數（陰陽五行）、雜術（其他）。而未收天文、曆譜、算術、宗教方術、醫學。

術數思想與發展——從術到學，乃至合道

我國術數是由上古的占星、卜筮、形法等術發展下來的。其中卜筮之術，是歷經夏商周三代而通過「龜卜、蓍筮」得出卜（筮）辭的一種預測（吉凶成敗）術，之後歸納並結集成書，此即現傳之《易

經》。經過春秋戰國至秦漢之際，受到當時諸子百家的影響、儒家的推崇，遂有《易傳》等的出現，原本是卜筮術書的《易經》，被提升及解讀成有包涵「天地之道（理）」之學。因此，《易・繫辭傳》曰：「易與天地準，故能彌綸天地之道。」

漢代以後，易學中的陰陽學說，與五行、九宮、干支、氣運、災變、律曆、卦氣、讖緯、天人感應說等相結合，形成易學中象數系統。而其他原與《易經》本來沒有關係的術數，如占星、形法、選擇，亦漸漸以易理（象數學說）為依歸。《四庫全書・易類小序》云：「術數之興，多在秦漢以後。要其旨，不出乎陰陽五行，生尅制化。實皆《易》之支派，傅以雜說耳。」至此，術數可謂已由「術」發展成「學」。

及至宋代，術數理論與理學中的河圖洛書、太極圖、邵雍先天之學及皇極經世等學說給合，通過術數以演繹理學中「天地中有一太極，萬物中各有一太極」（《朱子語類》）的思想。術數理論不單已發展至十分成熟，而且也從其學理中衍生一些新的方法或理論，如《梅花易數》、《河洛理數》等。

在傳統上，術數功能往往不止於僅僅作為趨吉避凶的方術，及「能彌綸天地之道」的學問，亦有其「修心養性」的功能，「與道合一」（修道）的內涵。《素問・上古天真論》：「上古之人，其知道者，法於陰陽，和於術數。」數之意義，不單是外在的算數、歷數、氣數，而是與理學中同等的「道」、「理」--心性的功能，北宋理氣家邵雍對此多有發揮：「聖人之心，是亦數也」、「萬化萬事生乎心」、「心為太極」。《觀物外篇》：「先天之學，心法也。……蓋天地萬物之理，盡在其中矣，心一而不分，則能應萬物。」反過來說，宋代的術數理論，受到當時理學、佛道及宋易影響，認為心性本質上是等同天地之太極。天地萬物氣數規律，能通過內觀自心而有所感知，即是內心也已具備有術數的推演及預測、感知能力；相傳是邵雍所創之《梅花易數》，便是在這樣的背景下誕生。

《易・文言傳》已有「積善之家，必有餘慶；積不善之家，必有餘殃」之說，至漢代流行的災變說及讖緯說，我國數千年來都認為天災，異常天象（自然現象），皆與一國或一地的施政者失德有關；下至家族、個人之盛衰，也都與一族一人之德行修養有關。因此，我國術數中除了吉凶盛衰理數之外，人心的德行修養，也是趨吉避凶的一個關鍵因素。

術數與宗教、修道

在這種思想之下，我國術數不單只是附屬於巫術或宗教行為的方術，又往往是一種宗教的修煉手段--通過術數，以知陰陽，乃至合陰陽（道）。「其知道者，法於陰陽，和於術數。」例如，「奇門遁甲」術中，即分為「術奇門」與「法奇門」兩大類。「法奇門」中有大量道教中符籙、手印、存想、內煉的內容，是道教內丹外法的一種重要外法修煉體系。甚至在雷法一系的修煉上，亦大量應用了術數內容。此外，相術、堪輿術中也有修煉望氣（氣的形狀、顏色）的方法；堪輿家除了選擇陰陽宅之吉凶外，也有道教中選擇適合修道環境（法、財、侶、地中的地）的方法，以至通過堪輿術觀察天地山川陰陽之氣，亦成為領悟陰陽金丹大道的一途。

易學體系以外的術數與的少數民族的術數

我國術數中，也有不用或不全用易理作為其理論依據的，如揚雄的《太玄》、司馬光的《潛虛》。也有一些占卜法、雜術不屬於《易經》系統，不過對後世影響較少而已。

外來宗教及少數民族中也有不少雖受漢文化影響（如陰陽、五行、二十八宿等學說。）但仍自成系統的術數，如古代的西夏、突厥、吐魯番等占卜及星占術，藏族中有多種藏傳佛教占卜術、苯教占卜術、擇吉術、推命術、相術等；北方少數民族有薩滿教占卜術；不少少數民族如水族、白族、布朗族、佤族、彝族、苗族等，皆有占雞（卦）草卜、雞蛋卜等術，納西族的占星術、占卜術，彝族畢摩的推命術、占卜術……等等，都是屬於《易經》體系以外的術數。相對上，外國傳入的術數以及其理論，對我國術數影響更大。

曆法、推步術與外來術數的影響

我國的術數與曆法的關係非常緊密。早期的術數中，很多是利用星宿或星宿組合的位置（如某星在某州或某宮某度）付予某種吉凶意義，并據之以推演，例如歲星（木星）、月將（某月太陽所躔之宮次）等。不過，由於不同的古代曆法推步的誤差及歲差的問題，若干年後，其術數所用之星辰的位置，已與真實星辰的位置不一樣了；此如歲星（木星），早期的曆法及術數以十二年為一周期（以應地支），與木星真實周期十一點八六年，每幾十年便錯一宮。後來術家又設一「太歲」的假想星體來解決，是歲星運行的相反，週期亦剛好是十二年。而術數中的神煞，很多即是根據太歲的位置而定。又如六壬術中的「月將」，原是立春節氣後太陽躔娵訾之次而稱作「登明亥將」，至宋代，因歲差的關係，要到雨水節氣後太陽才躔娵訾之次，當時沈括提出了修正，但明清時六壬術中「月將」仍然沿用宋代沈括修正的起法沒有再修正。

由於以真實星象周期的推步術是非常繁複，而且古代星象推步術本身亦有不少誤差，大多數術數除依曆書保留了太陽（節氣）、太陰（月相）的簡單宮次計算外，漸漸形成根據干支、日月等的各自起例，以起出其他具有不同含義的眾多假想星象及神煞系統。唐宋以後，我國絕大部分術數都主要沿用這一系統，也出現了不少完全脫離真實星象的術數，如《子平術》、《紫微斗數》、《鐵版神數》等。後來就連一些利用真實星辰位置的術數，如《七政四餘術》及選擇法中的《天星選擇》，也已與假想星象及神煞混合而使用了。

隨着古代外國曆（推步）、術數的傳入，如唐代傳入的印度曆法及術數，元代傳入的回回曆等，其中我國占星術便吸收了印度占星術中羅睺星、計都星等而形成四餘星，又通過阿拉伯占星術而吸收了其中來自希臘、巴比倫占星術的黃道十二宮、四大（四元素）學說（地、水、火、風），並與我國傳統的二十八宿、五行說、神煞系統並存而形成《七政四餘術》。此外，一些術數中的北斗星名，不用我國傳統的星名：天樞、天璇、天璣、天權、玉衡、開陽、搖光，而是使用來自印度梵文所譯的：貪狼、巨門、祿存、文曲，廉貞、武曲、破軍等，此明顯是受到唐代從印度傳入的曆法及占星術所影響。如星命術中的《紫微斗數》及堪輿術中的《撼龍經》等文獻中，其星皆用印度譯名。及至清初《時憲曆》，置閏之法則改用西法「定氣」。清代以後的術數，又作過不少的調整。

此外，我國相術中的面相術、手相術，唐宋之際受印度相術影響頗大，至民國初年，又通過翻譯歐西、日本的相術書籍而大量吸收歐西相術的內容，形成了現代我國坊間流行的新式相術。

陰陽學——術數在古代、官方管理及外國的影響

術數在古代社會中一直扮演着一個非常重要的角色，影響層面不單只是某一階層、某一職業、某一年齡的人，而是上自帝王，下至普通百姓，從出生到死亡，不論是生活上的小事如洗髮、出行等，大事如建房、入伙、出兵等，從個人、家族以至國家，從天文、氣象、地理到人事、軍事，從民俗、學術到宗教，都離不開術數的應用。我國最晚在唐代開始，已把以上術數之學，稱作陰陽（學），行術數者稱陰陽人。（敦煌文書、斯四三二七唐《師師漫語話》：「以下說陰陽人謾語話」，此說法後來傳入日本，今日本人稱行術數者為「陰陽師」）。一直到了清末，欽天監中負責陰陽術數的官員中，以及民間術數之士，仍名陰陽生。

古代政府的中欽天監（司天監），除了負責天文、曆法、輿地之外，亦精通其他如星占、選擇、堪輿等術數，除在皇室人員及朝庭中應用外，也定期頒行日書、修定術數，使民間對於天文、日曆用事吉凶及使用其他術數時，有所依從。

我國古代政府對官方及民間陰陽學及陰陽官員，從其內容、人員的選拔、培訓、認證、考核、律法監管等，都有制度。至明清兩代，其制度更為完善、嚴格。

宋代官學之中，課程中已有陰陽學及其考試的內容。（宋徽宗崇寧三年〔一一零四年〕崇寧算學令：「諸學生習……並曆算、三式、天文書。」「諸試……三式即射覆及預占三日陰陽風雨。天文即預

定一月或一季分野災祥，並以依經備草合問為通。」

金代司天臺，從民間「草澤人」（即民間習術數人士）考試選拔：「其試之制，以《宣明曆》試推步，及《婚書》、《地理新書》試合婚、安葬，並《易》筮法，六壬課、三命、五星之術。」（《金史》卷五十一・志第三十二・選舉一）

元代為進一步加強官方陰陽學對民間的影響、管理、控制及培育，除沿襲宋代、金代在司天監掌管陰陽學及中央的官學陰陽學課程之外，更在地方上增設陰陽學課程（《元史・選舉志一》：「世祖至元二十八年夏六月始置諸路陰陽學。」）地方上也設陰陽學教授員，培育及管轄地方陰陽人。（《元史・選舉志一》：「（元仁宗）延祐初，令陰陽人依儒醫例，於路、府、州設教授員，凡陰陽人皆管轄之，而上屬於太史焉。」）自此，民間的陰陽術士（陰陽人），被納入官方的管轄之下。

至明清兩代，陰陽學制度更為完善。中央欽天監掌管陰陽學，明代地方縣設陰陽學正術，各州設陰陽學典術，各縣設陰陽學訓術。陰陽人從地方陰陽學肄業或被選拔出來後，再送到欽天監考試。（《大明會典》卷二二三：「凡天下府州縣舉到陰陽人堪任正術等官者，俱從吏部送（欽天監），考中，送回選用；不中者發回原籍為民，原保官吏治罪。」）清代大致沿用明制，凡陰陽術數之流，悉歸中央欽天監及地方陰陽官員管理、培訓、認證。至今尚有「紹興府陰陽印」、「東光縣陰陽學記」等明代銅印，及某某縣某某之清代陰陽執照等傳世。

清代欽天監漏刻科對官員要求甚為嚴格。《大清會典》「國子監」規定：「凡算學之教，設肄業生。滿洲十有二人，蒙古、漢軍各六人，於各旗官學內考取。漢十有二人，於舉人、貢監生童內考取。附學生二十四人，由欽天監選送。教以天文演算法諸書，五年學業有成，舉人引見以欽天監博士用，貢監生童以天文生補用。」學生在官學肄業、貢監生肄業或考得舉人後，經過了五年對天文、算法、陰陽學的學習，其中精通陰陽術數者，會送往漏刻科。而在欽天監供職的官員，《大清會典則例》「欽天監」規定：「本監官生三年考核一次，術業精通者，保題升用。不及者，停其升轉，再加學習。如能黽勉供職，即予開復。仍不及者，降職一等，再令學習三年，能習熟者，准予開復，仍不能者，黜退。」除定期考核以定其升用降職外，《大清律例》中對陰陽術士不準確的推斷（妄言禍福）是要治罪的。《大清律例．一七八．術七．妄言禍福》：「凡陰陽術士，不許於大小文武官員之家妄言禍福，違者杖一百。其依經推算星命卜課，不在禁限。」大小文武官員延請的陰陽術士，自然是以欽天監漏刻科官員或地方陰陽官員為主。

官方陰陽學制度也影響鄰國如朝鮮、日本、越南等地，一直到了民國時期，鄰國仍然沿用着我國的多種術數。而我國的漢族術數，在古代甚至影響遍及西夏、突厥、吐蕃、阿拉伯、印度、東南亞諸國。

術數研究

術數在我國古代社會雖然影響深遠，「是傳統中國理念中的一門科學，從傳統的陰陽、五行、九宮、八卦、河圖、洛書等觀念作大自然的研究。……傳統中國的天文學、數學、煉丹術等，要到上世紀中葉始受世界學者肯定。可是，術數還未受到應得的注意。術數在傳統中國科技史、思想史，文化史、社會史，甚至軍事史都有一定的影響。……更進一步了解術數，我們將更能了解中國歷史的全貌。」（何丙郁《術數、天文與醫學中國科技史的新視野》，香港城市大學中國文化中心。）

可是術數至今一直不受正統學界所重視，加上術家藏秘自珍，又揚言天機不可洩漏，「（術數）乃吾國科學與哲學融貫而成一種學說，數千年來傳衍嬗變，或隱或現，全賴一二有心人為之繼續維繫，賴以不絕，其中確有學術上研究之價值，非徒癡人說夢，荒誕不經之謂也。其所以至今不能在科學中成立一種地位者，實有數因。蓋古代士大夫階級目醫卜星相為九流之學，多恥道之；而發明諸大師又故為惝恍迷離之辭，以待後人探索；間有一二賢者有所發明，亦秘莫如深，既恐洩天地之秘，復恐譏為旁門左道，始終不肯公開研究，成立一有系統說明之書籍，貽之後世。故居今日而欲研究此種學術，實一極困難之事。」（民國徐樂吾《子平真詮評註》，方重審序）

現存的術數古籍，除極少數是唐、宋、元的版本外，絕大多數是明、清兩代的版本。其內容也主要是明、清兩代流行的術數，唐宋或以前的術數及其書籍，大部分均已失傳，只能從史料記載、出土文獻、敦煌遺書中稍窺一鱗半爪。

術數版本

坊間術數古籍版本，大多是晚清書坊之翻刻本及民國書賈之重排本，其中豕亥魚魯，或任意增刪，往往文意全非，以至不能卒讀。現今不論是術數愛好者，還是民俗、史學、社會、文化、版本等學術研究者，要想得一常見術數書籍的善本、原版，已經非常困難，更遑論如稿本、鈔本、孤本等珍稀版本。在文獻不足及缺乏善本的情況下，要想對術數的源流、理法、及其影響，作全面深入的研究，幾不可能。

有見及此，本叢刊編校小組經多年努力及多方協助，在海內外搜羅了二十世紀六十年代以前漢文為主的術數類善本、珍本、鈔本、孤本、稿本、批校本等數百種，精選出其中最佳版本，分別輯入兩個系列：

一、心一堂術數古籍珍本叢刊

二、心一堂術數古籍整理叢刊

前者以最新數碼（數位）技術清理、修復珍本原本的版面，更正明顯的錯訛，部分善本更以原色彩色精印，務求更勝原本。并以每百多種珍本、一百二十冊為一輯，分輯出版，以饗讀者。

後者延請、稿約有關專家、學者，以善本、珍本等作底本，參以其他版本，古籍進行審定、校勘、注釋，務求打造一最善版本，方便現代人閱讀、理解、研究等之用。

限於編校小組的水平，版本選擇及考證、文字修正、提要內容等方面，恐有疏漏及舛誤之處，懇請方家不吝指正。

心一堂術數古籍珍本整理叢刊編校小組

二零零九年七月序

二零一四年九月第三次修訂

當代名人之命運

·嘉興韋千里編·

·百新書店印行·

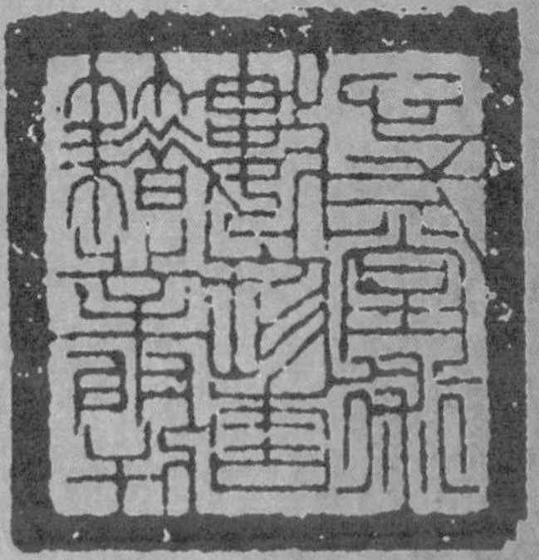

弁言

千里年來忙於講學，每日下午停車問休咎者，又戶限為穿，故久疏著述，本書之輯，絕不為沽名牟利，無非博從前讀吾書者一笑，重溫舊雨之夢云耳。

本書所敍命造數十則，想到即信筆寫來，盧前王後，蓋不以忠奸賢愚為次序也。

本書對於各命評判，或褒或貶，皆據理直陳，毫無他種用意存其間。

拙輯各書，已發行者，為命學講義，命理約言，八字提要，千里命稿，其銷路之廣，以千里命稿為最，茲且全數售罄，是書所論，都離奇命造，雖非達官貴人，名媛閨秀，然頗有研究之價值，爰於本書附刊數則，以資點綴。

本書付印匆促，亥豕魯魚，錯字在所不免，容再版時勘正之。覆瓿之作，原不值錢，何忍重禍梨棗，乃蒙百新主人徐少鶴君，謬加稱許，允代付梓，兼爲發行，感愧何似，暇當再爲操觚，以餉讀者，以答徐君。

民國三十六年九月一日韋千里謹識於海上心安室

韋千里批命

余三年不批命矣，顧無日不在研究中，深感批命亦有改良之必要，行文不繁不簡，敍論分門別類，詞句雅俗共賞，吉凶直言無隱，庶乎近焉，茲擬就一新穎批法，爰將所批內容，列表如后，高明者以爲可乎，收件處，上海南京路大新公司對面大慶里韋氏命苑，接談以下午一時至七時爲限。

八字	一、格局	二、用神	三、考據
事業	一、界別	二、方向	三、動變
品性	一、優點	二、缺點	三、特點
婚姻	一、宜忌	二、乖和	三、久暫
子女	一、有無	二、多寡	三、賢愚
行運	一、過去	二、現在	三、未來
流年	一、遠年	二、本年	三、月令
結局	一、貧富	二、貴賤	三、壽夭

當代名人之命運

嘉興韋千里編

蔣主席命造。爲丁亥，庚戌，己巳，辛未，余嘗窺論其梗概。并刊諸千里命稿。時在民國二十四年。中日戰事。尚未爆發。中有批語云。「乙巳運措天下於泰山之安。奠國家於苞桑之固」。乙巳運者。正値抗戰十年也。此固　主席之福嘏齊天。吾預言之驗。何足道哉。今請再述之。祈方家匡正焉。窮通寶鑑云。「三秋寒土。旺金洩氣。得火補土元神。名魁天下。五福完人。」。主席之命。正合此格。且提綱之戌。暗藏火土金。天干亦透火土金。謂之體用同宮。貴爲元戎。尊爲領袖。宜也。運入火鄉。強金得煉。所以發軔於丙午運。乙運。乙庚和合。明生印綬。暗助傷官。乙亥年冲動巳宮。患生肘腋。丙子年冲動午祿。十一月建子。乃有西安之變。巳運抗戰成功。甲運。以庚金劈甲生丁而

當代名人之命運

論。攘外於先。安內於後。戡亂除棼。解民倒懸。當不遠矣。

丙戌仲春。應唐君生明之邀。宴於私邸。杯酒之餘。有以丁酉，乙巳，丙寅，辛卯，一造委評。余曰。三奇而建祿。大氣磅礴。丙合辛生。鎮掌威權。是乃名將身份。全造精華、在於辛酉二字。亦即秀氣所鍾也。本年二月歲逢丙戌。月遇辛卯。丙辛亂合。酉戌。卯酉。倚冲。恐遭意外。羣皆咋舌。蓋此造非別。甫於旬前飛機殞命之戴笠將軍也。

陳公博死矣。其一生行爲是非。姑置之弗論。惟其命運尚堪研究。爰將管見。公諸同好。不亦可乎。陳造爲壬辰，庚戌，甲申，丙寅，七殺當令。有偏印之化殺。食神之制殺。命局非下乘，才幹亦不凡。所以不能終節者。蓋辰戌寅申四柱皆冲。干頭三神。究無根蒂耳。卯運爲刃以顯殺。竊國之侯。未始非命中注定。在乙酉年酉冲卯刃。形成虎尾春冰。難爲漏網之魚矣。其不早謀歸任。猶冀徵倖於萬一。可謂不知命之至也。

湯薌銘將軍。茲長民社黨。余嘗得視其命造。爲癸未，辛酉，乙亥，丁亥，秋木凋零。喜有水養木。有火制金。殺雖重。制化完備。早歲頻行火運。宜其統率三軍。威名勿替。晚來走木運。亦富功蹟。惟卯運冲酉。總較費力。甲寅運當矍鑠逾恆。壽而且康。近聞其政務之閒。輒潛修參禪。取佛名曰住心。蓋印多之命。自有夙根也。湯造與閻錫山命。僅差一字。閻爲癸未，辛酉，乙酉，丁亥，七殺更旺。所以聲勢過於湯。惟恐精力早衰。不若湯之克享遐齡耳。

湯薌銘將軍之二公子佩煌。就上海中央信託局事。由昆明來滬。出示其庚造。蓋與余同年同月同日同時生也。八字爲辛亥，辛卯，庚子，庚辰，余爲推斷過去之遭遇。彼此相彷。性情亦酷肖。總之。刼比多。則不發財。金盛無火。又難成大器。所堪以自慰者。尚無忝耿介拔俗之風耳。未來丁運。或小有可爲。願與共勉焉。至於妻子父母。頗有徑庭。可見命者一人之命也。本身之事。固可測也。一人以上之事。難言矣。故欲知六親之興衰和乖。須合參全家命造。庶無差池耳。

李士羣爲僞江蘇省主席。余嘗預告其必無好果。夫渠當時炙手可熱。而余敢直言者。對其八字有信心也。李命爲丙午，辛卯，丁巳，庚子，窮通寶鑑曰。二月丁火。濕乙傷丁。非庚不能去乙。非甲不能引丁。今以時透庚金。固亦曾榮冠諸曹。但無甲木。所以不壽。財殺歸於時。鋒芒畢露。刑冲全。月犯咸池。則又風流。好動。其膽識未始不過人。所惜者。不知自愛。誤入歧途耳。

名坤角孟小冬女士。工鬚生。久飲盛譽於劇壇。比聞將南來。爲杜月笙氏祝壽。並演義務戲。余檢視其命造。爲戊申，甲子，戊戌，乙卯，冬土而多水木尅伐。所以善病。官殺並透。無從去留。豈能一夫終局。運走庚申制殺。藝事更進。迄未得良好歸宿。恐將自食其力。以至於老矣。然四十二歲後。三步土運。幫身有力。當多回甘之境遇。何庸杞憂哉。

譚故院長延闓。功業彪炳。固足楷式。其書法之蒼勁雄壯。鐵畫銀鈎。爲民國第一人。此尤賦之於命焉。譚造爲己卯，丁丑，癸丑，乙卯，偏官三重。食神亦三重。制殺功成。又喜丁火取暖。丑土蓄水。身殺並美。宜其學養俱深。永垂不朽。凡八字中無一可廢之字。其人必有特技。余蓋見之夥矣。

荀慧生先生。亦梨園之雋傑。其八字爲己亥，丙子，戊寅，乙卯，全得力於月上丙火。使凍土回温。寒木向陽。至於乙見寅卯。乃命理約言所謂官星得祿旺。非官殺混雜。如此清奇。設非獻身手於紅氍毹上。造就當更無涯涘。運行壬申。尅奪丙火殆盡。應多不如意事。今明兩年。尚難轉機。五十歲後。辛運安坦。未運大利。蔗境之美。有不可言喻者。

楊秀瓊女士命造。爲己未，戊辰，丁未，戊申，余嘗評於時代日報。謂其庚運一鳴驚人。丙子年以來。漸趨平淡。至今皆驗。蓋滿盤皆土。應作從兒格。庚運財星得祿。秀氣流動。自宜聲震全國。公卿倒屣。午運破格。豈能繼美。辛運連逢木火流年。曾活躍於新聞界。但未見若何得意。明年交未運。從兒逢兒。歡欣萬狀。儘宜退享閨福。咏何郎之扇。吹弄玉之簫。何必常作出岫之雲哉。

前中央研究院院長楊杏佛先生之命。爲癸巳，丙辰，壬申，癸卯，考其辰月壬申日。並得生地。庫地。夫又癸水雙透。身強有餘。應用丙火之財。而巳爲丙祿。卯爲丙母。財有淵源。胥賴乎此。一代文豪。且爲文官。固其宜也。蓋命局和靜。病藥停勻。身份超拔。若合符節。四十歲交辛運。辛來合丙。流年復逢癸酉。酉更冲卯。一片汪洋。用神盡拔。故不免為人狙擊。以前壬運癸亥年。亦滿盤是水。乃得康莊平坦。誠使人百思而不得解者。然進而思之。巳亥之冲。究輕於卯酉之冲。益信用神之祿。冲去猶可。用神之母。萬不可冲。是又增我一番經驗矣。

梅蘭芳博士之命造。為甲午，甲戌，丁酉，癸卯。全局木火太盛。喜日坐酉金。時得癸水。財殺清粹。兼帶貴人文昌。所以譽滿天下。革新舊劇。作梨園之砥柱。惜乎行運妍媸不一。未能埒美命局。僅享盛名。無權爵又無鉅利。此亦造化弄人歟。渠曾數度出國表演。余屢斷其成績必佳。後果得以宣揚中國之文化。灌輸東方之藝術於彼邦。收穫不可謂不豐。將來庚運資殺。秋山紅樹。晚景宜人。本人縱無心進取。而非自身之蜚黃騰達。亦必蔭及乎子女。

當代名人之命運

孔祥熙氏。官至部長。富稱敵國。是乃命也運也。豈眞好貨好名所能致之哉。其造爲庚辰，乙酉，癸卯，庚申，秋金當令。乙從庚化。辰從酉化。時落庚申。卯被申酉夾尅。滿盤是金。癸水得其生。命書所謂二人同心是也。所貴者。五行絶火。而爲純金。倘或略見財星。卽爲印重身輕。毫無可取矣。歷行己丑庚辛等運。一路景星慶雲。宦海無波。玆走卯運。無善可言。旣已遠遊歐美。殆亦知所退藏於密歟。

章師太炎。名滿天下。立德。立功。立言。固三不朽耳。余嘗師事之。適函問難。備蒙奬掖。並謂余文之天才橫溢。若致力詩詞。所造當更深。則余豈敢哉。章師亦曾以其命造見詢。八字爲戊辰，乙丑，癸卯，庚申，按官印兩透。印食又皆得祿。日坐文昌。宜其博古通今。尊爲國學之師。惟財星絶跡。所以貴而不富。行運除己巳運。混官。羈印。繫獄六年。餘皆平順。未運冲提綱。土重太過。辛巳早息家園。洵君子知命者也。

周信芳君。藝名麒麟童。具雋才。爲劇界全能。稱梨園宗匠。按其命造。爲甲午，丁丑，辛酉，甲午，財殺兩強。而以日坐比祿。月得印綬爲根。第日主較弱。不堪任財任殺，所以富貴難期，絃歌足寄，仗義疎財。安貧潔己。然支中土金重重。可以幫身。是謂明病暗藥。宜其一曲風傳。萬人擊賞。殊非尋常優孟。可與同日而語也。當其巳運。由漢飛申時。飲譽最盛。蓋巳會酉丑。迺全金局也。壬水運。盜洩辛金，即難順流。方今甫行午運。三午並見。煎迫太甚。恐亦左支右絀。勿以吉論。

算西人之命。亦有極驗者。余之座上。恆多碧眼客。然余終懷疑莫釋。蓋以經緯度之關係。歐美時刻。改合我國時刻。自難準則。玆閱樂吾隨筆。載有羅斯福。希特勒。墨索里尼之命造。當樂吾氏批論時。三雄正叱咤風雲。稱霸環宇。今則皆已成爲歷史人物矣。檢視其八字。兼查經過情形。頗有吻合者。斯亦奇令。請一一述之。羅造爲辛巳，辛丑，庚午，丙戌，身強敵殺。用殺無疑。寒金喜火。冬日可愛。故威權在握。爲全國人民所愛戴。聯合國且推爲祭酒。仁德廣溥。不啻陽春之有脚也。行運大都扶身。益顯丙殺之用。治國平天下。豈偶然哉。聖戰起於乙運。完成於乙運。本人又卒於乙運。則乙合庚而助丙。時勢英雄。流芳萬代。宜也，乙酉年。兩乙爭合一庚。酉會巳丑。羊刃合局。所以撒手長歸。未能目睹和平。惜哉。

墨造爲癸未，己未，甲戌，辛未，若以化木格論。則乙卯甲寅運。不堪設想矣。按其當國秉政。始於乙卯運。位至首相。在於甲寅運。然則土重木輕。喜木制土。彰彰明甚。或謂土重如此。甲木得毋摧折乎。殊不知。未爲木庫。此甲木弱而有氣。所以膽略雄偉。一時人傑。而有鐵腕之稱也。癸水運滋木。故尙可支維。丑運。土勢如崩。宜其覆敗無遺。

希造爲己丑，戊辰，丙寅，丁酉，樂吾氏謂其命。毫無可貴之處。而尊爲元首。殊不可解。蓋其時爲一九三七年。希氏聲勢之盛。不可一世。固與其命有不符也。余細按之。丙生暮春。土重而不能從兒。僅賴寅木長生。丁火同氣。相互扶持。所謂不強不弱。直一尋常渾噩之輩。今希氏不應煊赫而煊赫於先。自難免不應慘敗而慘敗於後。極普通之命。而演出極驚人之事。殆佛家所謂劫數使然歟。

阮玲玉死。轟動全國。當其彌留時。鄭正秋先生致電話於予。問有生望否。余視其命造。爲庚戌，辛巳，己亥，乙亥，斷爲必亡。蓋己生巳月。因有兩亥。印綬冲散。時透乙木。以庚辛制殺太過。身主與七殺。一無可恃。故意志不堅。正途歧趨。莫之辨別。片念阨塞。死於非命。雖從兩夫。終無所歸。至於傷食並露。秀氣發越。固宜英敏豔麗。精藝絕倫。不爲銀壇領袖。當亦作歌裙舞扇之翹楚也。其年乙亥。兩乙三亥。天干金木之戰。地支水火之冲。乃滿盤啓釁。禍起蕭牆。失足成恨。一代藝人。竟埋黃土。寧不悲哉。

宋院長子文之命造。爲甲午，乙亥，庚辰，己卯，十月庚金。水冷性寒。喜己土制水。午火取暖。而乙庚合。甲己合。財印不悖。各立門戶。月日時。又出於一旬。名一旬三位。斯更可貴。果幹英明。總攬全國機要。非偶然也。運程宜助宜幫。庚辰辛三步。土金強身。官場最熱鬧。名路最光榮。將來巳運爲亥所冲。治事必敗。遺憾必多。戒之哉。

十二年前。西報盛載英皇喬治第五之傳略。余嘗以生庚譯爲夏曆。演成命局。並加批語。郵寄吾友李光華。李乃余之復旦老同學。當時僑寓英倫者也。其八字爲乙丑，辛巳，甲辰，甲子，夫甲木日元。子辰水局。巳丑金局。為官印相生。干透辛金正官。自是大貴之格。冠冕堂皇。統馭萬民。固所宜也。據傳十五歲至十八歲。環遊世界。二十五歲。冠帶海軍魚雷艦。此時正交辰己財運。自應超拔出塵。竿頭日進。二十六歲患傷寒症甚劇。二十七歲乃兄逝世。卯運刼刃之故。四十六歲交丑運。財貴之途。已應發越。益以四十七歲辛亥年。又屬正官之鄉。果於是歲登極。入承大統。甲運身太重。官較輕，預言其未許樂觀。後果卒於斯運。

胡適博士。文名籍甚。久居學政兩界之要津。但貴而不富。蓋亦命運使然也。按其八字。為辛卯，庚子，丁丑，丁未，尅洩皆重。以時上丁火比肩。為存身之眞神。然地支子丑卯虛拱寅木正印。所謂見不見之形。其貴氣尤在此耳。前運丁火。飲譽至盛。酉與丙。更進一境。乙未亦不惡。近行甲運。正印滋身。應有可爲。聞其處境極平淡。曷勿著書立言。則名山事業。足垂不朽。寧不愈於仕途浮沉哉。

閩人林學衡。號庚白。嘗爲立法委員。擅吟咏。精命理。寫述甚富。其尤著者。爲「人鑑」一書。當時知命同志。莫不人手一篇。余與交遊。初以詩文相酬酢。相稔多年後。方談及命理。蒙謂余之論命。有獨到之處。並批余命。三十九歲以下，必發於政途。此則非余所敢望焉。林君八字。爲甲午，戊辰，丁酉，庚戌，丁火爲土金爭洩。風流放誕。如見其人。用甲木印綬。自有夙根。行癸酉運。財殺肆逞。尅洩交加。民國三十年辛巳。財又助殺。由渝赴港。適值香港事變。飲彈畢命。有以爲丁酉日。財臨長生。文昌。貴人。妻宮必佳者。顧林君以娶林北麗女士。而與髮妻賦仳離。北麗爲女文學家。年來鬧桃色案於香島。固未能安於室者。蓋日支屬妻宮。若爲喜神。縱刼刃。妻必賢美。若爲忌神。雖財官。亦未樂其倡隨，今於林命而益信矣。

海關同人。慕余名。延聘講學於其俱樂部。有以丙午，庚寅，壬午，丙午，宣統之命造。垂詢其究竟者。余曰。午火三見。丙又雙透。寅午再會火局。財旺身弱可知。因有庚金。不能從財。官殺又藏而不露。其爲失國之君宜矣。若非天潢貴冑。而爲尋常百姓。則亦敗家之子。無可振作者也。此命行運最難。逢金水則與火相搏。是謂激怒。犯旺。逢木火。則助桀爲虐。而將燎原。自焚。所以無根蒂而又不能從化之八字。行運總無稱意者。往往有命好行壞運而未必壞。亦有命壞行好運而不能好。論命之難。斯亦可見一斑。

褚世伯輔成。吾鄉碩望。國府耆靈。其命造爲癸酉，丁巳，己卯，甲戌，日支坐卯。豈能化土。巳酉會金。生扶癸水。則丁火失效。而日主變旺爲弱矣。所以歷行水木運。爲梓鄉謀福利。

為黨國策藎籌。所謂勞而不居功也。庚運劈甲生丁。抗戰入蜀。有獻於政府者更多。蔣主席備加敬禮。茲行戌運幫身。主持上海法學院外。仍為大衆服務。初不以年邁而袖手。將來己運之壬辰年。宜重珍攝。藉延修齡。

實業家冼冠生。深信余之六壬課。有疑必問。並謂余為冠生園之顧問。是乃過蒙獎許矣。按冼先生之命造。為戊子，癸亥，庚寅，戊寅，庚金生於初冬水令。地支水木林立。財重身輕。得力於時上戊土之偏印。制水幫身。功莫大焉。自必毅力勝人。思想銳敏。已往之運。泰半屬火。生土而暖金。故如枯苗得雨。勃然而興。又如疾風勁草。再接再厲。行戊辰運時。跋涉重慶。策助政府後方糧食事宜。有足多者。現走己運。卓立偉業。初無遜色。將來巳運多刑冲。貴乎倦飛知還。尤防心腎兩病。宜早謀珍攝耳。

葉恭綽先生。屢長交通部職。且擅詩書畫三絕。視其辛巳，己亥，壬戌，甲辰，之庚造。固屬不凡。蓋建祿生提。甲木食神透干。年月再輔以官印。雖巳亥冲財。辰戌冲官。然正以天門地戶之逢冲。迺爲交通界之領袖。而宦海浮沉。始終不脫交通界之範圍。斯亦奇矣。前行乙未甲午四運最盛。蓋一路東南木火也。癸運以下。卽杜門謝客。敵僞時。日軍數度迫以威武。許以富貴。終不爲所動。勝利後。亦不慕紛華。潛修如故。七十二歲。年運皆值壬辰。恐有凋謝之虞。

張學良將軍命造。爲辛丑，癸巳，壬子，己酉，夫壬水坐刃。巳酉丑結成金局。干頭再透辛癸。金水一家。日元有氣。但正反射己土正官之無力。局雖清秀。終嫌偏枯。智者太過。治事每病褊急耳。查其壬戌年。挫於吳佩孚。辛未年。損國敗家。壬申癸酉年。不能容於華北。丙子年十一月西安叛刼。蓋無非金水之歲運。汪洋浩瀚爲患也。然究春秋末高。明後流年。戊子。己丑。及五十歲之戊土運。提岸功成。振作有望。男兒報國。何分於在野在朝。將軍其勉乎哉。

張繼先生。茲鬻書於海上。曩昔官當一面之權。位在萬人以上。今乃退而寄情於籠鵝。王參軍之遺風堪佩。實亦知命之君子也。按其八字。壬午，戊申，壬寅，壬寅，天干三壬見戊。戊如一將當關。萬夫莫敵。惟寅申驛馬重冲。爲國宣勞。備形栗碌。行運最喜資殺。以前癸丑甲寅四步。顯達而已。安富未遑。刻走乙卯。無官一身輕。人之所憾。正先生之所慶也。七十三歲行丙火運。壽而且康。以元老身份。匡時救國。似又誼不容辭矣。

無錫榮德生先生。爲宗敬先生之介弟。以經營紗花粉麥起家。手創申新茂新等廠。尤熱心於公益。久爲申錫兩地人士所稱道。按其八字。乙亥，癸未，戊戌，丙辰，土厚非常。如同稼穡格。故爲載福之象。年頭乙木疏土。而癸水亥水滋之。雖少壯清貧。運交寅卯辰。翺翔雲天。卓然大成。兼以所業爲木類。宜其事半功倍矣。近行丙運。幫身之途。心安體泰。去年被揶時。錫人有詢其安危者。余曰。歲運皆丙。生命必無害。但火炎土燥。非體躬之沾恙。卽煩耗之叢生。後果蒙毛森將軍營救出險。查宗敬先生之命造。爲癸酉，庚申，戊午，甲寅，子平眞詮所謂殺旺食強而身健。固極等之貴格。以言魄力。過於乃兄。惟福澤則較遜耳。

陳燕燕女士。嫻靜端莊。爲影星中之幽蘭。視其命如見其人。蓋陳造爲甲寅，丙寅，癸亥，戊子，正月癸水。透甲吐秀。透丙既濟。透戊就範。甲丙戊俱歸納於寅提。則婉秀多才。宜矣。前行亥運。不無塵垢。刻走壬水。還是徘徊。此乃丙絕於亥。懾於壬之故也。將來戊運會合寅午。丙火重見光明。否盡泰來。必以賢母良妻終其身。

杜月笙先生命造。為戊子，庚申，乙丑，壬午，有以乙庚化金論者。竊以時上見午火。格局僅成其半。書云「化之假者。異姓孤兒。」一是遠不符其聲價矣。夫乙生申月。干透戊庚壬。財官印既同藏於申宮。又並露於干頭。斯乃貴徵。所以俠義豪爽。霖雨萬家。前運固日新月異。現行丙運。雖尅庚金。妙有壬水之制。戊土之化。盛況依然。明年交寅運。冲申為病。豈可許子不憚煩哉。趨吉避凶。終莫妙於退隱。

北平龔頤丈退庵。聞余就任「上海市命理哲學研究會」理事長之職。賜書稱賀。並以張嘉璈先生之命造見示。按張先生乃金融前輩。財政鉅頭。所歷官職。有進無退。其八字為己丑，乙亥，癸巳，庚申，蓋亦非等閒可比耳。按癸水坐巳。妙乎時落庚申。財印凝聚一方。亥不能冲既合之巳。則日主得時令之旺。又堪任現成之財星。年頭七殺。受制於月上食神。自然就範。亥丑再乃拱祿。此命而不富貴兼全。其將誰歸哉。今年又長中央銀行。成以運在巳火。花添錦上。宜矣。十月辛亥。形成三亥兩巳。銜馬太過。若無變動。則宦海清寧。前途正未有艾焉。

永安公司經理郭琳爽氏。大才槃槃。億則屢中。雖敏於事。而待人尤寬厚。上下翕然。外傳廣幫之經營永安紗廠股票。進出胥取決於余。此乃臆測之談。然亦不為無因。緣郭氏深信余之六壬課。有疑輒來委卜。初不限於股票。郭氏固滬上粵商之領袖也。嘗推其命造。丁酉，癸卯，乙丑，丁丑，乙誕卯月。卯酉雖冲。因癸水而仍屬金洩木強。則春寒料峭。兩丁既可取暖。又生丑土之財。長袖善舞。要非偶然。四十一歲以來。行戊戌土運。積資之富。何讓陶朱。未來丁運。當更勝於前。吾知郭氏於貨殖以外。必力謀社會之福利事業。不僅利己。抑又利人也。

當代名人之命運

前黑龍江代理主席郎官普先生。久耳余名。會因公南下。道出海上。手示馬占山將軍命造。乙酉，丁亥，己丑，甲子，叩問休咎。爰爲簡批曰。己見亥子丑。病於水盛。妙有丁火煦融。更喜鄰於乙木。丁獲資助。則驅寒有力。且水生木而木生火。財也。殺也。印也。生生不息。八字貴重。良有以也。早年運碌碌無奇。行屆未運。中藏乙丁。並含用神喜神，再逢辛未流年。宜乎一鳴驚人。一飛冲天。功立華夏。威震萬方矣。行及壬運。則又以水之助濕。燦爛光明。忽歸平淡。午運冲子。辛運冲乙。雖有權位。未展所長。此與蔡廷階將軍之命造。如同一轍，按蔡將軍之八字。爲壬辰，壬子，壬辰，乙巳，羊刃歸垣。辰運壬申年。全成水局。殺刃雙顯，上馬殺賊，一仗成功，癸酉年會殺化印。威權隨之喪失，馬蔡二造。所遇皆似曇花。好而不久。然究係非常之命。雖僅如舟楫濟川於一時。已足流芳百世矣。

名書家鄧糞翁先生。朱顏鶴髮。賦相清奇。是以少年即稱翁。余初識於廁簡樓。嘗以書法求指點。蒙謂余之字體亦不俗。宜臨右軍聖教序。不必多寫書譜。余乃依囑揣摩。果有所得。今日之能勉強塗鴉者。皆先生所賜也。鄧造爲戊戌，壬戌，壬子，辛亥，土金水三行。生生不息。殺印兩健。殺刃雙輝。有恆心。有毅力。得鐘王之神髓。成一代大手筆。豈偶然哉。惟殺無食制。故雖中郎有女。難免伯道無兒。劫比成羣。食之者衆。生之者寡。又以名士風懷。不善居積。外傳其富有。竊恐其未必也。未來卯運。或可稍見裕餘耳。先生善飲。飲且豪。則以坐刃之故。凡日支臨刃。輒有驚人之嗜好。此爲余經驗所得。蓋百不或爽者也

言慧珠女士。劇界名姝。歌場尤物。其八字爲己未，癸酉，庚寅，壬午，秋金喜壬水之吐秀。所以明豔出色。顰笑皆宜。月上傷官。幸有年頭正印制之，梨園世家。固具宿根宿慧者。渠嘗

恣態處。覩其凝重端莊。絕非如外傳之風流浪漫也。官星不透。于歸宜遲。刻行子運。子午冲。絲蘿未結。正是好現象。三十二歲行丁運。則脫去歌衫。嫁得如意郎。頓如天半朱霞。不作人間飛絮矣。晚年運。亦曼妙無窮。

白雲命造。爲丁巳，辛亥，癸未，壬子，年月干支皆冲。僅賴日支未土。控制旺水。力有不勝。故以血氣未定爲病。今後一路火土運。自多建樹。或在劇藝上求深造。或另創他業。必得名利兼收。決非一般永溺於脂粉隊中者。所可比擬。余敢斷言也。

報載中樞將委陳濟棠氏。任某項要職。按陳氏命造。爲庚寅，戊寅，甲子，丙寅，八字純陽也。天干三奇也。地支聚祿也。又拱雙貴也。固多過人之處。干頭食神生財。財資七殺。支下祿印扶身。標本兩停。尤爲貴象。卽以五行論。窮通寶鑑曰。正月甲木。癸藏丙透。名寒木向陽。主大富貴。亦恰到好處耳。今交甲運。比肩幫身。聲勢再盛。不減當年。可預卜也。齊魯戰爭時。有勇將名楊化昭者。八字爲庚寅，戊寅，甲戌，丙寅，較諸陳造。僅子字易戌字。不過軍伍常流。曇花一現。蓋五行絕水。木不得養。庸有濟乎。以視陳造之開府天南。蜚黃騰達。判若天壤矣。

孫副主席哲生命造。爲辛卯，戊戌，乙未，戊寅，秋木凋零。戌中戊辛皆透。喜有寅卯爲根。而坐庫於未。更屬弱而不弱。行運一路水木生扶。載福攸厚。自然出人頭地矣。五十九歲壬水運。印綬滋生。建樹當更有進者。河清海晏。天下大治。以孫造視之，或卽在於斯時歟。

武人八字。氣概最堂皇者。莫逾於白崇禧將軍。將軍命造。爲癸巳，乙卯，戊申，戊午，夫日時拱貴。正官得祿。財星露干。印祿居支。蓋無一字爲閒廢者。申金文昌洩秀。尤見其智機不凡。非僅矯勇而已。查行運一路金水。具管樂之才。膺干城重寄。既富功勳。却少奔馳。是運輔其命。相得而益彰矣。

機緣起於人事。成敗定於天命。觀夫交易所中。熙熙攘攘。固無日無機緣者。然而浮沉其間。未必皆能致富者。何也。曰。成事在天耳。投機幫中人士。每以股市漲落。就卜於余。或有奇驗。輒奉若神明。余曰。是亦占者之鴻運亨通。所以課象如響斯應。非余眞能預知市情者。否則余旅滬二十載。胡爲依然故我耶。股國名將王元熹兄。深諱此說。按王之八字爲己未，丙子，甲寅，丁卯，冬木以寅卯爲根。見丙丁而向榮。身財兩強。矯勇善戰。蜚聲闤闠。宜矣。顧行運多金水。減色非鮮。第逢得火土年月。方獲得心應手。然終如曇花一現。未能驥足長展。明敏如彼。尚不免智者一失。蓋亦命也乎。嘗投機者。可以憬然悟矣。

童芷苓小姐。爲坤伶後起之秀。年來孟晉突飛。名利兼收。

此因藝事精湛。有以致之。然走運之紅。亦不無關係耳。按童造爲壬戌，己酉，辛卯，甲午，格局建祿。干頭傷官生財。取甲木正財爲用。藉以搆通水火。而以午火七殺爲夫星。甚哉。甲午時之有益於此命也。宜其資才出衆。敏慧過人。將來嫁得貴壻。滿抱寧馨。福澤之優厚。誠非尋常女伶。可望其項背者。茲在丙運。既獲劇壇盛譽。行見玳燕雙飛。護花有主。亦不爲遠矣。三十歲後。美運接軫。花團錦簇。不啻神仙眷屬焉。

猶太女郎薛佛林。畢業於本埠聖約翰大學。精英文。余嘗聘爲英語教授。承告一猶太富商之命造。據謂其人積資之豐。遠勝於我國之所謂豪富者。余譯其八字。爲甲午，丙寅，甲午，戊辰，甲生寅月爲建祿格。干透甲丙戊。胥爲寅中所藏之元神。益以兩午壯丙戊之聲勢。驅料峭之春寒。腰纏纍纍。誰曰不宜。至於地支有合無冲。則吝嗇成性。又何足責哉。按哈同八字爲己酉，庚午，庚子，丙子，殺旺用印，未必為富造。但三十歲後。歷行數十年財運。所以豪門珠履。貫朽粟陳。為地產領袖。稱海上鉅富。因知富而可求者。非由命。即由運。我儕點金乏術，送窮無方。自屬命運皆貧。焉用強求。其惟遵孔氏「與其奢也寧儉」之教。相以砥礪。蓋儉可以養廉也。

有以日本裕仁天皇之太子命造見詢。八字為癸酉，甲子，癸亥，乙卯，余曰。舊命書所謂水木清奇。此造是也。酉金生水。水再生木。上生天干。下行地支。滴天髓所謂始其所始。終其所終也。亥卯結木局，甲乙元神透露。秀氣發越。的是英豪。滴天髓又云。全象喜行財地。而財神要旺。今既命運皆無財。誠如畫龍之未點睛。雖為皇室後裔。乃宗社已覆。難乎其鵬舉矣。

名律師章士釗之庚造。為辛巳，辛卯，癸丑，癸丑，天干金水雙列。地支丑土蓄之。日元不弱。秀氣在於卯木。調候在於巳火[illegible]五行不雜。清高可貴。但官殺不秀。難得實權。僅能從學識謀出路。以文章飲盛名也。章先生自辭潘陽東北大學教授。在申執行律務。已十餘年矣。查其行運。乙木固佳。酉金冲卯。幸爲海上寓公。若角逐於學政兩界。必也荊棘叢生矣。現行甲運。平順而宜謀靜趣。毋需熱中。七十歲尤應珍玉。

報載李濟琛氏詆譭政府。有叛變意。查其庚造，乙酉，丙戌，己未，辛未，土重如崩。前行壬癸辛運。固曾煊赫一時。惜支運爲巳午未。乃南方之水。所以難期久遠。近走庚運。丙庚之冲。老無能爲。將來辰己兩步。土勢益增。孔子曰：「智士仁人，將身有節，動靜以義。」又曰：「以少犯衆，以弱侮強，忿怒不類，動不量力，兵共殺之。」李氏其鑒諸。

全融界巨擘錢新之先生命造。爲乙酉，甲申，丙辰，甲午，丙火退氣於初秋。本不能任申酉之旺財。所妙時落於午。根得帝

當代名人之命運

旺。遠勝干頭衰木之生扶。於焉。轉弱爲強。運走金水。固宜財源四達。利益萬通。事業有陶朱之盛矣。按楊宇霆命。爲乙酉，甲申，丙辰，戊戌，重土重金。晦火太甚。巳運得祿。所以聲勢最盛。庚運無險。而斃於辰運戊辰年。則以庚運盡屬木火流年。故仍炙手可熱。辰運爲濕土。戊辰年土又如崩。不得善終。意中事耳。觀夫錢楊二造。僅差一時。楊氏之夢幻泡影。萬不及錢翁之福祿綿延。毫釐不爽。有如此者。論命豈易事哉。

黃玉麟先生。以皮簧聞於時。藝名綠牡丹。兼擅書畫。瀟灑儒雅。亦梨園之傑出者。其命爲丁未，丙午，癸巳，戊午，戊癸相合。既見丙丁。又得巳午未。而當榴火舒紅。槐蔭結綠之候。乃純粹化火之格。宜其慧質天生。學無不精。一生行運。應以卯寅辛三部。最爲醇美。惜少土運。否則。土之洩秀。尤爲出色當行。或詢余何方爲宜。余曰。既化火成格。自莫妙於南國。黃君領首者再。據謂曩歲鬻藝雲南。賣座最盛。座價漲至八元有奇。竟媿美梅博士之歐遊。噫。足可豪矣。然得地利之宜。亦與有功焉。

有以丁丑，癸卯，乙巳，丙子，顏大使惠慶之命詢余者，迺簡爲批曰。乙生卯月爲建祿。不見他木。但得時令之旺。未獲氣勢之威。貴有水之灌溉。火之煊赫。妙在癸丙透干。己子居支。生洩之功。無忝美備。自宜富貴雙全。屢膺鉅任。丙見巳祿。乙見卯祿。癸見子祿。日主。用神。喜神。交互得祿。尤爲貴徵。前行子運。爵位迭晉。印得祿也。己運息影。財壞印也。亥運再起。印會局也。戊運韜晦。印被合也。戊運癸酉年。授駐俄大使。癸印之功也。近年投資企業。處於縉紳之林。亦甚裕如。則酉運邀合巳丑。而不冲卯。凶變爲吉矣。

吳經熊先生。海上名律師也。積學多才。歷任學府法院領袖。近且榮膺大使於歐洲諸邦。折衝樽俎。壇坫增光。當其在滬時。好研命理。時以五行生尅。與余討論。吳造爲己亥，丁卯，乙未，己卯，乙生卯月。亥卯未會局。五行絶金。乃曲直仁壽之格。尤貴干透丁火己土。英華發越。秀氣畢呈。其命酷似清之李鴻章，晝錦前程。何可限量。查子運以流年不濟。外圓内跌。癸亥運。滋木助格。氣象萬千，繼長增高。刻行壬運。蔗境春濃。未來戌運。以中藏辛金爲病。宜早退珂鄉。

燕人郭某。以其父之庚造見詢曰。家嚴八字。爲丙申，戊戌，戊申，庚申，前掌重職於政壇。嘗亦投書遙從先生研習命理。民三十一年壬午春。爲日軍擄刼。迄無音訊。諒已不在人間。特未識殉難於何時。敢請先生憑其命運。測其究竟。余曰。食神干旺格。旣因丙而破。則秋金銳銳。反以多金盜洩爲病。用神宜取丙火。壬午年運在癸水。被刼於春。則正二月又爲壬寅癸卯。犯水[redacted]重也。至同年十一月壬子。乃一片汪洋。不可遏止。殺身成仁。殆卽在斯歟。設是年是月而無害。則以下歲運皆平順。迄今已多年。早應安然歸來。至卯運正官。在河山旣復之時。且可東山再起。重列仕版矣。

戊戌，戊午，癸亥，戊午，此乃某妓命造。幼孤爲娼。廿五歲後。作某顯宦簉室。詎以不知自愛。戀一伶人。終被顯宦所黜。終則伶亦絶裾斷交。螟二養女。仍操故業。夫癸生午月。財官並旺。惟天干三透戊土。爭合癸水。日主用情。毫無定見。自是水性楊花。坐下刦刃。足以幫身。苦無印綬。終如飛絮浮萍。飄流無定。查早年多火運。何善可陳。辰運冲開水庫。宛若雲開見日。惜乙卯運洩身生財。祇如曇花一現。不免重作馮婦。甲寅運木土爭戰。更不堪言狀。

丁亥，癸丑，庚子，丁亥，嘉善沈恆甫君。雅好命理。時相過從。嘗示我上列之命。謂係一丐者。夫寒金喜火。所嫌支全亥子丑。北方水旺。又月干癸尅丁火。五行無木。未得生化之情。一片寒涼之局。宜其蓬飄萍泛。淪落天涯。歌板臨風。飯籃迎月。鵠形菜色。仰面求人矣。且運皆金水。縱不爲東郭乞食。亦必爲溝壑餓莩。設此等命局。運行東南木火。未始非季子買臣。由困入亨之一流。富貴貧賤。固繫乎命。然運之榮枯盛衰。關鍵尤爲重要。管子曰。壽之修短有數。命之顯晦有定。要皆運會豐塞維繫之。誠哉是言。我儕爲人評命。對於運途之推敲。不可或忽也。

戊戌，庚申，己酉，壬申，上爲一僧侶之命。孫福堂爲余言。是僧三歲父母雙亡。七歲爲舅氏鬻入某寺。落髮皈依。按己酉日元。生於申月。支全西方。干透庚壬。金勢猛烈。洩氣太過。局中無火。祇可用刦。然戊土虛脫。用神無力。終以身弱傷重。

無印爲病。固生成寒微之命也。喜忌篇云。日干旺甚無依。若不爲僧卽道。今乃知身弱無依。亦黃冠客。空桑子之一流耳。九歲以來。皆行金水運。清淨無爲。孑然一身。鮮淑堪言。甲子乙丑。水木之鄉。亦不過謝絕紅塵。砥礪清修。誦經禮佛。度其老衲生涯而已。甲運若不圓寂。可至寅運以終樂土。

壬午，己酉，庚申，丙子，此潮州人鄭君命造也。曩時請人批命。咸謂酉月庚申日。喜火煆煉。應用丙殺。有勸其涉跡政界者。余曰、庚金得祿旺於秋令。年干透壬。支會申子。水盛而居相位。丙火豈能敵相水而制旺金。五行缺木。丙更無力。殺弗能用。不如用壬水食神。以順金勢。並洩秀氣。士而爲商。庶乎近之。金水澄清。貨殖餘暇。致力名山事業。亦足以著述自豪。豈不快意。鄭君頷首曰。幼攻舉子業。但終功名不售。年三十後。改營商務。則得心應手。尤以甲運起。盈財最鉅。并謂素工詞曲。願將畢生著作。付梓問世。洵哉。評命擇藥。關鍵全繫乎用神之斟酌。設鄭君羨慕虛榮。而信用殺之一言。終身捲入宦海。恐一官半秩。且未得意。詎不惜乎。

辛丑，乙未，己亥，壬申，此蘭英女史之命也。女史以善畫名於時。己生未月。身主不弱。地支丑未相冲。天干辛乙交戰。七殺爲食神追制。不如亥中甲木正官。寄於母宮之爲美。應以官爲夫星。時透壬財。則財以生官。而官不畏傷食尅制。宜其英姿颯爽。藝術絕倫。抑且夫子兩美。誠得天獨厚者也。戊戌十年刼財運。始而夫病幾危。繼則自身遇盜。亦云險矣。亥運以下。一路金水。蔗境自甘。頤養安逸。神峯通考載有一命。爲辛丑，乙未，戊戌，庚申。乃重土重金。而祇有一木。正官受損太過。運至酉金。金再尅木。卒至自縊而亡。按此兩命。一以有財。而官不受害。所以福慧雙修。一以無財。而成偏枯之局。終自經於溝潰，不綦慘乎。總之。女命首重夫子兩星。然求夫字兩宮之並美。更非財星不爲功也。

乙未，甲申，癸巳，丙辰，漳州中央銀行總理陸維屏君。精研命理。嘗示余二造。八字相同。惟年支日支易位而已。一即陸君本人之命。（排列如上）一乃其友。廈門交通銀行某君之造。爲乙巳，甲申，癸未，丙辰，余曰。癸水生申月。母強子健。辰爲水之餘氣。巳申又化水。身不爲弱。甲乙丙並透。則木火金水相停。惟君造坐巳。巳內有庚金。日主較強。貴友坐未。未爲燥土。並中藏木火。日主較弱。所以有異者。君喜逢木火。貴友喜遇金水。揆諸行運。都金水蓋頭。以論環境。或君不如貴友耳。陸君唯唯而退。

丙戌，丙申，乙巳，庚辰，此迺女命。乙生申月。時座庚金。夫星得祿，惜乎兩丙一巳。尅庚太甚。且五行少水。無印幫身。亦屬偏枯之局。更以早年東南運。故綠窗貧苦。落於寒微之門。初嬪木商。行居巳運。忽失所天。三十五歲再醮某醫。醫本無籍籍名。得婦後。生涯激增。門庭若市。十餘年盈財鉅萬，家境日隆。查此婦之行壬辰辛三運。水金幫夫。或亦有功歟。

壬寅，丁未，乙巳，戊寅，人之疾病，亦可由命中推測。然有驗有不驗。蓋命究患何疾。祇能言其端緒。不能指其纖微，大抵以寒煖燥濕推之。百不失一焉。如文學家兼書法家倪古蓮先生。久耳余名。委評其造。余曰。乙木生於夏令。精華發洩。外有餘而內實虛脫。地支無不藏火。壬水爲丁所合。時上之戊。又爲陽土。燥之極矣。煖之極矣。一無金水以濟之。肺病血疾。在所不免。純陽燥熱之體。尤敢定斷焉。戊運爲火庫。更屬可危。然甲戌年又多一庫。誠如雪上加霜。既已倖越。或無生命之憂矣。三十七後運轉西北。一路康莊。非惟功名利祿。與日俱進。體格亦矯健勝昔。勉哉。

乙丑，己卯，乙亥，癸未，此老出處宦途。飽經榮祿。年三十後。家道中落。幸擅長書法。磨穿鐵硯。利賴筆耕。幼時延人批命。僉謂仁壽曲直之格。謬以有爲期許。曩緣友人介紹。造訪余廬。詢問究竟。余曰。乙生卯月。支全木局。年支丑中藏辛。曲直已破。祇堪作身旺財輕之命以爲斷。廿六歲前。運行中南火土。所以少年得志。迨夫三十一歲運轉東北。難免坎坷悽惻。然壬運至凶。無傷大祿。亦云幸矣。辛運苟延。未運化木。危如風燭。按段祺瑞命。爲乙丑，己卯，乙亥，壬午。其乙祿在卯。己祿在午。壬祿在亥。交互得祿。旺氣所繫。且木旺水健。午火洩秀。格局清奇。故在萬民之上。八字之相差一時。其霄壤徑庭。有如此者。

壬子，壬子，庚辰，丁丑，此名妓花月影之命。庚生嘉冬。

兩見壬子。辰丑又皆濕土。區區丁火。瑜不掩瑕。危險直如風燭。夫星與身主。兩有所缺。以致早落平康。年方及笄。即出應徵。送往迎來。極盡歡笑。然二十四歲逵入戊運。戊乃火庫。亦爲燥土。更以流年如丙子丁丑戊寅己卯。中南順行。當有貴客垂青。納爲擁抱。從此附驥益顯。獲掌家政。苟得忠心待主。舉案勤勞。以後美運接軫。或堪身列命婦。福祿綿延。晚歲純行南方火運。蔗境更榮。詩云。永言配命。自求多福。固非吳下歌女可比也。

乙巳，己卯，乙卯，丙子，壬申九月。友人某。託評此命。謂係廣東妓女。由粤追蹤來滬。堅欲以身相許。惟我年逾半百。且已兒孫繞膝。恐納妓後。家庭反而多故。躊躇莫決。謹詢於君。乞剖其詳。余曰。乙木得祿於卯月。比肩林立。財星已毀。用時上丙火。賴之洩秀生財。命非下乘。豐姿卓犖。固異凡卉。官之無力。卽夫星不顯。然居蓬室。亦無所礙。惟刻行壬運。又逢壬年。用神損傷。十一月且爲壬子。一片汪洋。丙火殲滅。恐妨其壽。故納寵問題。可容緩議。玆惟虛與委蛇。是乃上策。友唯唯而去。後相値途次。問友以此事究竟。友嘆曰。誠如君言。是妓已於壬申嘉冬。服毒旅邸。而歸物化矣。微君果斷。又增我幾許煩惱。誠哉。命之不欺人也。

壬午，丙午，丙戌，庚寅，某翁告我此悍匪之命。匪徒衆逾千。犯案山積。然得逍遙法外。余視其丙日而支全寅午戌。已秉一方之旺氣。兩見陽刃。干得財殺。宜其兇悍無比。雖不流芳百世。亦能遺臭萬年。然倘能公行直道。擇善而從。未始非果敢傑出之才。爲國効用。亦足膺干城之選。豈不懿哉。若仍爲非作歹。橫行不法。必天網恢張。難逃子運。蓋冲刃出鞘。斧鉞當頭。意中事耳。

辛酉，戊戌，丁未，壬寅，閻錫山封翁。富貴壽考。一身兼全。余嘗推評其命　丁誕戌月。干透戊土。爲傷官格。戊生辛財。辛生壬官。壬生寅印。寅又生身。循環不息。生氣盎然。如是命局。固不論金木水火土之歲運。或太過。或不及。皆得生化補救。致險無由。所以鶴骨松身。克享遐齡。而福祿綿密。令子賢肖。尤爲可貴。誠今世之郭汾陽也。按余講學於申商學會時。某君以辛酉，戊戌，丁未，辛丑，一造見詢。僅與閻封翁相差一時。余斷爲棄命從傷。以甲午兩運最危。據云。亦政海名流。早於甲運騎馬墮亡。

己巳，丁丑，乙丑，乙酉，此迺坤命。爲海上某聞人之女公子。庚午孟春旣望。舉宴湯餅。大江南北。各界名流。均往道賀。極一時之盛。所收禮份。傳有十五萬元之巨。固足豪矣。夫寒木逢丁而暖。得己而培。得乙而盛。干上一無廢物。支全巳酉丑。則偏官會局。夫星更昌。從德之美滿。何待言哉。或病水淺印缺。殊不知丑月丑日。為虛濕之地・正喜壬癸未透。庶不飄浮為患。故行運一路土金木火。福祿綿亘。光明昌熾。方興未艾。直至壬癸兩運。始見遜色耳。按寒弱之木。不宜多水。祇喜木火。嘗見冬木孤寒之命。走水運而傾家蕩產。走木火運而倉滿庫盈者。不知凡幾。若泥於衰則喜幫。而以印為喜見者。失諸毫釐。差以千里矣。

癸未，乙卯，乙亥，戊寅，此命不識其姓氏。乃平翁告我者。據云。為上海工部局小工頭目。已積資成富。生活殊優。余曰。乙誕仲春。支全亥卯未。為曲直仁壽格。所喜四柱絕金。格局無破。時落戊寅。寅為火土生地。木之祿旺。則流通秀氣。堅固格局。更如錦上添花。是宜由漸入豐。空拳致富者也。早運都屬水鄉。頗見安順。戊運為火庫。為燥土。豪富無疑。己運有乙木之奪。美中不足。狗尾續貂矣。平翁質余曰。命局既如是儁美。何以不作名公鉅卿乎。余曰。宦海一途。浮沉靡定。名公鉅卿。豈必好命。熙來攘往。寧及此君之優遊穩固。且駕乎數千工人之上。鶴立鷄羣。亦不失無冕帝皇之樂也。西漢黃霸有云。無官在職。一身爽輕。若此命造。雖少印綬之掌綰。詎不愈於坐高堂。騎大馬之顯達耶。

丁未，丁未，丁丑，丁未，右造本人。亦諳子平之學。自謂必死於巳運。及至庚午年。因環境坎坷。竟投海自盡。幸爲水警撈救。余視其命運。天干丁火一氣。地支土星重疊。火土相生。正滴天髓所謂天全一氣地德載。亦命理約言所稱兩神成象。格局非下乘。胡爲作消極之舉。丑未一冲。土金冲動。丁火之精英。更足以發越。巳運爲丁之帝旺。火炎太甚。自不爲喜。庚午年因有庚金之故。所以死而復活。甲運亦助火炎。侷促如故。辰運爲濕土。清潤全局。應見起色。壬癸二運。水之尅火。渠自以爲美。余謂火土重而水輕。水萬不可以制火。反更激火之怒。招土之尅。何善之堪言。寅卯運木之生火。亦屬庸常。總核終身行運。少土金之途。則卽所謂有命無運。烏可強耶。

壬寅，壬寅，辛未，己丑，離婚之風日盛。夫婦之道愈乖。壬申初春。有王姓婦者。委評其夫君命造。據謂溺情聲色。流連博弈。外宿多日。輒不一歸。婦備受精神痛苦。擬與仳離。余曰。辛金雙見壬寅。又值春木萌動。財多身弱。幸時上己土。納水生金。又得丑未之根。救弱主而任財。夫雖陽氣已動。節候尚寒。土金均無暖氣。未中之丁。見奪於丑內之癸。寅中之丙。懾服于干頭之壬。八字有欠精神。自然之理也。乙運乙己之冲。己土用神受損。宜其如無鞍之馬。無楫之舟。隨波逐流。從人徵逐而莫由自主。試問貴夫子是否念六歲起。沉迷淫樂耶。婦曰。然。

余曰。是庸何傷。三十一歲歲尾。達足已運。火來欣發。熾昌康泰。是應發揚蹈厲。丕振家聲。認定正途。悔悟前非。則賢伉儷和好如初。齊眉偕老。奚必一時不克忍耐乎。婦乃暢然意滿。興辭而退。後果應驗余斷。婦又詢余。伊夫之後運如何。余曰。三十六歲以下。丙午丁三運最佳。後來居上。快哉快哉。

丁亥，壬子，壬午，庚子，客有述發橫財事者。流俗心理。娓娓動聽。余因憶及二命焉。一即上列女命。壬水得祿旺於亥子。亦且水歸冬旺。身主強健。丁午兩財。既衰弱無根。又受冲受合。乃不類富有之人。然行運多木火。東南之暖。足以濟命局西北之寒。故處境裕如。夫子並榮。尤以丙運丙寅年。木火根深。財旺達於極點。因於冬間獨得上海跑馬香檳頭獎。又有一男命。爲丁未，癸卯，癸亥，乙卯，或媚其旺食生財。必富無疑。余獨謂癸水不任衆木。求富大難。抑或因富致禍。無非金水歲運。弱主得助。方可積玉積金。其人極信余言。蓋渠於丑運丁卯年。曾中萬國儲蓄會頭獎。終以木火太旺。財多身弱。富非應得。既遭回祿。又臥病二載。所得不償所失。直至二十三歲交庚運，始見順利。癸酉年又是金水幫身。是以十謀九成。且於冬季。得中航空獎券之分條頭獎。小康以後。雖仍依人作嫁。然時作投機。動獲巨利。精神愉快。遠勝於一般大資本家云。

庚戌，甲申，己酉，辛未，石軍長戀有二姝。欲納其一。以充簉室。不識二人之命。孰爲優善。就決於余。余曰。庚戌之造。秋土薄弱。受重金之洩。秀氣盡發。當有傾國傾城之姿。惟甲木官星死絕。乃非命婦之格。或恐不安於室。或恐早賦孤鵠。良可畏也。另一女命。乃癸丑，癸亥，丙申，己丑。雖傷官見官。幸初冬水旺。又有申金之財。洩土生水。官星有力矣。身主固弱。宜用亥中甲木偏印。以之合傷幫身。姿色雖不逮前命艷麗，然兩相評較。彼則艱寒卑薄。此乃愜心貴當。石軍長雖韙余說。但終迷戀美色。卒娶庚戌秀豔之命。未閱半載。女果席捲遠颺。石軍長悔而莫及。追從余囑之言。再覓癸丑之造。冀聯舊歡。詎料若女已嬪某君。安作商人婦矣。

當代名人之命運

全一冊

著述者　韋千里
出版者　百新書店有限公司
發行所　百新書店有限公司
總發行所　上海四馬路中
分發行所　上海棋盤街中
香港支店　皇后大道中
特約所　國光新記書局
廣州漢民北路七十六號
分售處　國內外各大書局
中華民國三十六年十一月第一版

占筮類			
1	擲地金聲搜精秘訣	心一堂編	沈氏研易樓藏稀見易占秘鈔本
2	卜易拆字秘傳百日通	心一堂編	
3	易占陽宅六十四卦秘斷	心一堂編	火珠林占陽宅風水秘鈔本
星命類			
4	斗數宣微	【民國】王裁珊	民初最重要斗數著述之一；未刪改本
5	斗數觀測錄	【民國】王裁珊	失傳民初斗數重要著作
6	《地星會源》《斗數綱要》合刊	心一堂編	失傳的第三種飛星斗數
7	《斗數秘鈔》《紫微斗數之捷徑》合刊	心一堂編	珍稀「紫微斗數」舊鈔秘本
8	斗數演例	心一堂編	
9	紫微斗數全書（清初刻原本）	題【宋】陳希夷	斗數全書本來面目；有別於錯誤極多的坊本
10－12	鐵板神數（清刻足本）——附秘鈔密碼表	題【宋】邵雍	無錯漏原版秘鈔密碼表　首次公開！
13－15	蠢子數纏度	題【宋】邵雍	蠢子數連密碼表　打破數百年秘傳　首次公開！
16－19	皇極數	題【宋】邵雍	清鈔孤本附起例及完整密碼表　研究神數必讀！
20－21	邵夫子先天神數	題【宋】邵雍	附手鈔密碼表　研究神數必讀！
22	八刻分經定數（密碼表）	題【宋】邵雍	皇極數另一版本；附手鈔密碼表
23	新命理探原	【民國】袁樹珊	子平命理必讀教科書！
24－25	袁氏命譜	【民國】袁樹珊	
26	韋氏命學講義	【民國】韋千里	民初二大命理家南袁北韋
27	千里命稿	【民國】韋千里	
28	精選命理約言	【民國】韋千里	北韋之命理經典
29	滴天髓闡微——附李雨田命理初學捷徑	【民國】袁樹珊、李雨田	命理經典未刪改足本
30	段氏白話命學綱要	【民國】段方	民初命理經典最淺白易懂
31	命理用神精華	【民國】王心田	學命理者之寶鏡

32	命學探驪集	【民國】張巢雲	發前人所未發　稀見民初子平命理著作
33	澹園命談	【民國】高澹園	
34	算命一讀通——鴻福齊天	【民國】不空居士、覺先居士合纂	
35	子平玄理	【民國】施惕君	
36	星命風水秘傳百日通	心一堂編	
37	命理大四字金前定	題【晉】鬼谷子王詡	源自元代算命術
38	命理斷語義理源深	心一堂編	稀見清代批命斷語及活套
39－40	文武星案	【明】陸位	失傳四百年《張果星宗》姊妹篇　千多星盤命例　研究命學必備
相術類			
41	新相人學講義	【民國】楊叔和	失傳民初白話文相術書
42	手相學淺說	【民國】黃龍	民初中西結合手相學經典
43	大清相法	心一堂編	重現失傳經典相書
44	相法易知	心一堂編	
45	相法秘傳百日通	心一堂編	
堪輿類			
46	靈城精義箋	【清】沈竹礽	沈氏玄空遺珍　玄空風水必讀
47	地理辨正抉要	【清】沈竹礽	
48	《玄空古義四種通釋》《地理疑義答問》合刊	沈瓞民	
49	《沈氏玄空吹虀室雜存》	【民國】申聽禪	
50	漢鏡齋堪輿小識	【民國】查國珍、沈瓞民	
51	堪輿一覽	【清】孫竹田	失傳已久的無常派玄空經典
52	章仲山挨星秘訣（修定版）	【清】章仲山	章仲山無常派玄空珍秘　門內秘本首次公開　沈竹礽等大師尋覓一生末得之珍本！
53	臨穴指南	【清】章仲山	
54	章仲山宅案附無常派玄空秘要	心一堂編	
55	地理辨正補	【清】朱小鶴	玄空六派蘇州派代表作
56	陽宅覺元氏新書	【清】元祝垚	簡易・有效・神驗之玄空陽宅法
57	地學鐵骨秘　附　吳師青藏命理大易數	【民國】吳師青	釋玄空廣東派地學之秘
58－61	四秘全書十二種（清刻原本）	【清】尹一勺	玄空湘楚派經典本來面目　有別於錯誤極多的坊本

62	地理辨正補註 附 元空秘旨 天元五歌 玄空精髓 心法秘訣等數種合刊	【民國】胡仲言	貫通易理、巒頭、三元、三合、天星、中醫
63	地理辨正自解	【清】李思白	公開玄空家「分率尺、工部尺、量天尺」之秘
64	許氏地理辨正釋義	【民國】許錦灝	民國易學名家黃元炳力薦
65	地理辨正天玉經內傳要訣圖解	【清】程懷榮	秘訣一語道破，圖文并茂
66	謝氏地理書	【民國】謝復	玄空體用兼備、深入淺出
67	論山水元運易理斷驗、三元氣運說附紫白訣等五種合刊	【宋】吳景鸞等	失傳古本《玄空秘旨》《紫白訣》
68	星卦奧義圖訣	【清】施安仁	三元玄空門內秘笈 清鈔孤本 過去均為必須守秘不能公開秘密 與今天流行飛星法不同
69	三元地學秘傳	【清】何文源	
70	三元玄空挨星四十八局圖說	心一堂編	
71	三元挨星秘訣仙傳	心一堂編	
72	三元地理正傳	心一堂編	
73	三元天心正運	心一堂編	
74	元空紫白陽宅秘旨	心一堂編	
75	玄空挨星秘圖 附 堪輿指迷	心一堂編	
76	姚氏地理辨正圖說 附 地理九星并挨星真訣全圖 秘傳河圖精義等數種合刊	【清】姚文田等	蓮池心法 玄空六法 門內秘鈔本首次公開
77	元空法鑑批點本——附 法鑑口授訣要、秘傳玄空三鑑奧義匯鈔 合刊	【清】曾懷玉等	
78	元空法鑑心法	【清】曾懷玉等	
79	曾懷玉增批蔣徒傳天玉經補註【新修訂版原（彩）色本】	【清】項木林、曾懷玉	揭開連城派風水之秘
80	地理學新義	【民國】俞仁宇撰	
81	地理辨正揭隱（足本） 附連城派秘鈔口訣	【民國】王邈達	
82	趙連城傳地理秘訣附雪庵和尚字字金	【明】趙連城	
83	趙連城秘傳楊公地理真訣	【明】趙連城	
84	地理法門全書	仗溪子、芝罘子	巒頭風水，內容簡核、深入淺出
85	地理方外別傳	【清】熙齋上人	巒頭形勢、「望氣」「鑑神」
86	地理輯要	【清】余鵬	集地理經典之精要
87	地理秘珍	【清】錫九氏	巒頭、三合天星，圖文並茂
88	《羅經舉要》附《附三合天機秘訣》	【清】賈長吉	清鈔孤本羅經、三合訣法圖解
89-90	嚴陵張九儀增釋地理琢玉斧巒	【清】張九儀	清初三合風水名家張九儀經典清刻原本！

占筮類			
121	卜易指南(二種)	【清】張孝宜	民國經典，補《增刪卜易》之不足
122	未來先知秘術——文王神課	【民國】張了凡	內容淺白、言簡意賅、條理分明
星命類			
123	人的運氣	汪季高(雙桐館主)	五六十年香港報章專欄結集！
124	命理尋源	【民國】徐樂吾	民國三大子平命理家徐樂吾必讀經典！
125	訂正滴天髓徵義		
126	滴天髓補註 附 子平一得		
127	窮通寶鑑評註 附 增補月談賦 四書子平		
128	古今名人命鑑		
129-130	紫微斗數捷覽(明刊孤本)[原(彩)色本] 附 點校本 (上)(下)	馮一、心一堂術數古籍整理編校小組整理	明刊孤本 首次公開！
131	命學金聲	【民國】黃雲樵	民國名人八字、六壬奇門推命
132	命數叢譚	【民國】張雲溪	子平斗數共通、百多民國名人命例
133	定命錄	【民國】張一蟠	民國名人八十三命例詳細生平
134	《子平命術要訣》《知命篇》合刊	【民國】鄒文耀、【民國】胡仲言撰	《子平命術要訣》科學命理；《知命篇》易理皇極、命理地理、奇門六壬互通
135	科學方式命理學	閻德潤博士	匯通八字、中醫、科學原理！
136	八字提要	韋千里	民國三大子平命理家韋千里必讀經典！
137	子平實驗錄	【民國】孟耐園	作者四十多年經驗 占卜奇靈 名震全國！
138	民國偉人星命錄	【民國】囂囂子	幾乎包括所民初總統及國務總理八字！
139	千里命鈔	韋千里	失傳民初三大命理家-韋千里 代表作
140	斗數命理新篇	張開卷	現代流行的「紫微斗數」內容及形式上深受本書影響
141	哲理電氣命數學——子平部	【民國】彭仕勛	命局按三等九級格局、不同術數互通借用
142	《人鑑——命理存驗·命理擷要》(原版足本)附《林庚白家傳》	【民國】林庚白	傳統子平學修正及革新、大量名人名例
143	《命學苑苑刊——新命》(第一集)附《名造評案》《名造類編》等	【民國】林庚白、張一蟠等撰	史上首個以「唯物史觀」來革新子平命學結集
相術類			
144	中西相人採原	【民國】袁樹珊	按人生百歲，所行部位，分類詳載
145	新相術	【美國】字拉克福原著、【民國】沈有乾編譯	通過觀察人的面相身形、色澤舉止等，得知性情、能力、習慣、優缺點等
146	骨相學	【民國】風萍生編著	結合醫學中生理及心理學，影響近代西、日、中相術深遠
147	人心觀破術 附運命與天稟	【日本】管原如庵、加藤孤雁原著，【民國】唐真如譯	觀破人心、運命與天稟的奧妙

148	《人相學之新研究》《看相偶述》合刊	盧毅安	集中外大成，無不奇驗；影響近代香港相術名著
149	冰鑑集	【民國】碧湖鷗客	各家相法精華、相術捷徑、圖文並茂附名人照片
150	《現代人相百面觀》《相人新法》合刊	【民國】吳道子輯	失傳民初相學經典二種 重現人間！
151	性相論	【民國】余晉龢	民初北平公安局專論相學與犯罪專著（犯罪學生物學派）
152	《相法講義》《相理秘旨》合刊	韋千里、孟瘦梅	命理學大家韋千里經典、傳統相術秘籍精華
153	《掌形哲學》附《世界名人掌形》《小傳》	【民國】余萍客	圖文并茂、附歐美名人掌形圖及生平簡介
154	觀察術	【民國】吳貴長	可補充傳統相術之不足
堪輿類			
155	羅經消納正宗	【明】沈昇撰、【明】史自成、丁孟章合纂	失傳四庫存目珍稀風水古籍
156	風水正原	【清】余天藻	●積德為求地之本，形家必讀！●純宗形家，與清代欽天監地理風水主張大致相同
157	安溪地話（風水正原二集）		
158	《蔣子挨星圖》附《玉鑰匙》	傳【清】蔣大鴻等	窺知無常派章仲山一脈真傳奧秘
159	樓宇寶鑑	吳師青	陽宅風水必讀、現代城市樓宇風水看法改革
160	《香港山脈形勢論》《如何應用日景羅經》合刊		香港風水山脈形勢專著
161	三元真諦稿本——讀地理辨正指南	【民國】王元極	被譽為蔣大鴻、章仲山後第一人 內容直接了當，盡揭三元玄空家之秘
162	三元陽宅萃篇		
163	王元極增批地理冰海 附批點原本地理冰海	【清】高守中【民國】王元極	
164	地理辨正發微	【清】唐南雅	極之清楚明白，披肝露膽
165-167	增廣沈氏玄空學 附 仲山宅斷秘繪稿本三種、自得齋地理叢說稿鈔本（上）（中）（下）	【清】沈竹礽	玄空必讀經典！附《仲山宅斷》幾種鈔本及批點本，畫龍點睛、披肝露膽，道中刊印本未點破的秘訣
168-169	巒頭指迷（上）（下）	【清】尹貞夫原著、【民國】何廷珊增訂、批注	圖文并茂：龍、砂、穴、水、星辰九十九變 洩漏天機：蔣大鴻、賴布衣挨星秘訣及用法
170-171	三元地理真傳（兩種）（上）（下）	【清】趙文鳴	蔣大鴻嫡派真傳張仲馨一脈二十種家傳秘本、宅墓案例三十八圖，並附天星擇日
172	三元宅墓圖 附 家傳秘冊		
173	宅運撮要	【民國】尤惜陰（演本法師）、榮柏雲	撮三集《宅運新案》之精要
174	章仲山秘傳玄空斷驗筆記 附 章仲山斷宅圖註	【清】章仲山傳、【清】唐鷺亭纂	無常派玄空不外傳秘中秘！二宅實例有斷驗及改造內容
175	汪氏地理辨正發微 附 地理辨正真本	【清】蔣大鴻、姜垚原著、【清】汪云吾發微	蔣大鴻嫡派張仲馨一脈三元理、法、訣具體泄露
176	蔣大鴻家傳歸厚錄汪氏圖解	【清】蔣大鴻、【清】汪云吾圖解	三百年來最佳《地理辨正》註解！石破天驚！
177	蔣大鴻嫡傳三元地理秘書十一種批注	【清】蔣大鴻原著、【清】汪云吾、【清】劉樂山註	

217	蔣徒呂相烈傳《幕講度針》附《元空秘斷》《陰陽法竅》《挨星作用》	【清】呂相烈	蔣大鴻門人呂相烈三元秘本三百年來首次破禁公開！
218	挨星撮要（蔣徒呂相烈傳）		
219－221	《沈氏玄空挨星圖》《沈註章仲山宅斷未定稿》《沈氏玄空學（四卷原本）》合刊（上中下）	【清】沈竹礽 等	揭開沈氏玄空挨星五行吉凶斷的變化及不同用法 章仲山宅斷未刪本、沈氏玄空學原本佚文、玄空挨星圖稿鈔本 大公開！
222	地理穿透真傳（虛白廬藏清初刻原本）	【清】張九儀	三合天星家宗師張九儀畢生地學精華結集
223－224	地理元合會通二種（上）（下）	【清】姚炳奎	分發兩家（三元、三合）之秘，會通其用 詳解注羅盤（蔣盤、賴盤）；義理、斷驗俱精
其他類			
225	天運占星學 附 商業周期、股市粹言	吳師青	天星預測股市，神準經典
226	易元會運	馬翰如	《皇極經世》配卦以推演世運與國運
三式類			
227	大六壬指南（清初木刻五卷足本）		六壬學占驗課案必讀經典海內善本
228－229	甲遁真授秘集（批注本）（上）（下）	【清】薛鳳祚	明清皇家欽天監秘傳奇門遁甲 奇門、易經、皇極經世結合經典
230	奇門詮正	【民國】曹仁麟	簡易、明白、實用，無師自通！
231	大六壬探源	【民國】袁樹珊	民初三大命理家袁樹研究六壬四十餘年代表作
232	遁甲釋要	【民國】徐昂	推衍遁甲、易學、洛書九宮大義！
233	《六壬卦課》《河洛數釋》《演玄》合刊		疏理六壬、河洛數、太玄隱義！
234	六壬指南（【民國】黃企喬）	【民國】黃企喬	失傳經典 大量實例
選擇類			
235	王元極校補天元選擇辨正	原【清】謝少暉輯、【民國】王元極校補	三元地理天星選日必讀
236	王元極選擇辨真全書 附 秘鈔風水選擇訣	【民國】王元極	王元極天昌館選擇之要旨
237	蔣大鴻嫡傳天星選擇秘書注解三種	【清】蔣大鴻編訂、【清】楊臥雲、汪云吾、劉樂山註	蔣大鴻陰陽二宅天星擇日日課案例！
238	增補選吉探源	【民國】袁樹珊	按表檢查，按圖索驥：簡易、實用！
239	《八風考略》《九宮撰略》《九宮考辨》合刊	沈瓞民	會通沈氏玄空飛星立極、配卦深義
其他類			
240	《中國原子哲學》附《易世》《易命》	馬翰如	國運、世運的推演及預言